Qualche storia cafausica

Emilio Fantin

Luigi Negro

Giancarlo Norese

Cesare Pietroiusti

Luigi Presicce

ovverosia Storie di un luogo immaginario che esiste per davvero

la casa cafausica

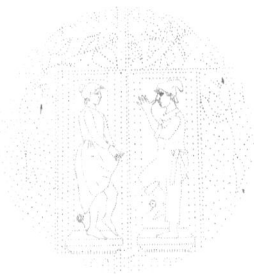

QUALCHE STORIA CAFAUSICA
OVVEROSIA
STORIE DI UN LUOGO IMMAGINARIO CHE ESISTE PER DAVVERO

Edited by Giancarlo Norese
Texts by Emilio Fantin, Luigi Negro, Giancarlo Norese,
Cesare Pietroiusti, and Luigi Presicce

Published by la casa cafausica, an artist-run editorial space
founded in Italy by Luigi Negro and Giancarlo Norese
Second edition, August 2023

ISBN 978-1-4467-8116-6

acertainnumberofbooks@gmail.com
www.lacolemon.org

la c.c.

7

Primo Episodio, Efrem 7

Secondo Episodio, Il segreto di Catherine 11

Terzo Episodio, La veglia 15

Quarto Episodio, Moroloja, il canto dei morti . . . 19

Quinto Episodio, Il Nanocafausu 23

Sesto Episodio, Dorothea 29

Settimo Episodio, Le teste di Modigliani 35

Ottavo Episodio, Uno scultore cieco 41

Nono Episodio, Uno specchio per cinque 47

Decimo Episodio, Anna Vaniglia 55

Undicesimo Episodio, Lo schermo sarà bianco . . . 65

Dodicesimo Episodio, La resurrezione dei maghi . . 79

Tredicesimo Episodio, Battaglia 87

Figure 97

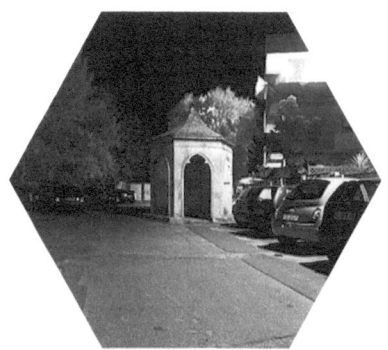

fig. 1

Efrem

Tempo fa, prima dell'estate, nel cortile del Careof a Milano, Efrem, un ragazzo barbuto, mi disse che era di San Cesario: «Abito in periferia, a lluca fausu», disse in un sornione dialetto salentino. Pensai: «Abita in un falso Luca, al-Luca-fausu... mah.»

Nei giorni che seguirono Luca il falso mi tornò spesso in mente, senza apparente motivo. Un paio di mesi dopo eravamo in auto a San Cesario, Alessandra aveva una parrucca azzurra, erano le tre di notte e tornavamo da una festa. Avevamo bevuto vino rosso, rum e chinotto, io anche masticato menta.

«Adesso ti faccio vedere una cosa! – disse – Sai cos'è *Lu Cafausu*?»

Non mi sembrava vero. Il falso Luca ci fu davanti dopo un paio di curve e di sensi vietati (guidava lei).

Ci sono una decina di palazzine intorno a quella che, con un po' di generosità, si potrebbe definire una piazza. Al centro una strana struttura (un "oggetto", mi viene da dire) in muratura sgretolabile, una specie di stravagante pagoda, di ispirazione mediorientale (aveva una mezzaluna sul tetto), fragile, quasi indecente.

Il quartiere di Efrem non prendeva il nome da un Luca mentitore, ma da una *Coffee House* che per decenni è stata tante piccole cose: luogo di aggregazione per contadini, gazebo all'ombra del quale nobili e militari inglesi sorseggiavano tè, dimora per un giovane orfano e il suo cavallo bianco, pollaio, vespasiano, garage di una Lambretta, luogo di pratiche sessuali, deposito di attrezzature agricole, bisca clandestina, oggetto onirico e, per ultimo, sede delle performance di quattro artisti.

Era ed è un posto inammissibile, territorio di accumulazione e di mancanza di senso. Una metafora, forse, di ciò che potremmo diventare.

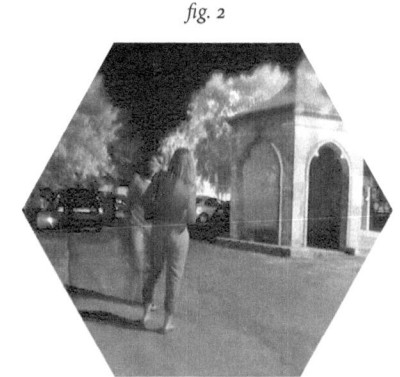

fig. 2

Il segreto di Catherine

Lu Cafausu apparirà inutile, la villa a cui appartiene svanirà nei meandri delle logiche complesse e caotiche della speculazione edilizia. Qui, fra pochi decenni, saremo nella periferia del paese e nessuno, fra tutti quelli che abiteranno i condomini fatti di palazzine a schiera, ricorderà la villa.

Le lotte dei contadini dell'Arneo, dopo anni di sofferenze e occupazioni, si sono concluse con una serie di concessioni da parte del governo e questo terreno è stato sottratto alla proprietà della famiglia inglese, che peraltro lo ha già abbandonato da tempo.

Io conosco il segreto di Catherine, la figlia dei proprietari della villa. Si era innamorata di Uccio, un giovane uomo "scuro di pelle e di capelli", figlio di povera gente, fiero capofila dei braccianti in lotta e padre di chi scrive la storia che state leggendo. Per incontrarla, lui la raggiungeva al gazebo, in questo posto romantico e profumato, vicino al muretto perimetrale della villa.

Catherine è morta giovanissima, pochi mesi dopo avermi partorito, ma prima di morire ha ottenuto da Uccio, assegnatario di questi terreni e nuovo padrone, la promessa che lui, anche se avesse demolito la villa ormai cadente e rivenduto tutto, non avrebbe mai permesso che fosse distrutto il gazebo, luogo dei loro incontri d'amore.

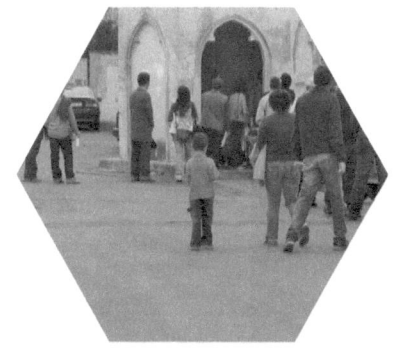

fig. 3

La veglia

Maria Concetta ha 65 anni, ed è sarta. Siamo chiusi in una stanza e mi lava con cura, usando una spugna imbevuta d'acqua e aceto. Mentre lei mi lava, amico mio… vedo lu Cafausu, il sole e le tende di lino mosse da un vento d'inizio estate. Fuori, tutt'intorno, tralci di vite e soprattutto ulivi.

Ora lei si ferma e mi mostra una vecchia foto appoggiata allo specchio del comò; dice che è la prima fotografia che sia mai stata scattata in villa. Catherine, piccola, che corre, è fuori fuoco; intorno a lei alcune donne si fermano e guardano, un po' impacciate, verso il fotografo. Nel gazebo si intuisce la presenza di qualcuno che sta per servire il caffè.

Le donne, tutte piuttosto alte, hanno vestitini cortissimi e leggeri, a fiori (colori pastello, immagino); sono tutte scalze. Maria Concetta ne indica una, la più in carne, con un paio di occhiali da professoressa.

«Era amica mia – dice – Valentina Scorrano si chiamava, ed era di Presicce, ma poi è andata in

Germania.» Sullo sfondo, appartata, una ragazza
magra e molto giovane sembra triste, e lotta con il
vento che le solleva la gonnellina.

«Quista pare ca nnu tiene nienzi sutta, no?» Maria Concetta sembra convinta e ridacchia fra sé con
volgarità, mostrando i suoi denti d'oro. Lei è una
chiangimuerti (una che piange i morti a pagamen-
to) e pare che si sia arricchita non poco nel pulire i
cadaveri.

Si sa, i gioielli a volte nel trambusto emotivo di
un lutto si perdono, soprattutto se hai accanto una
chiangimuerti, chiusa con te in una stanza.

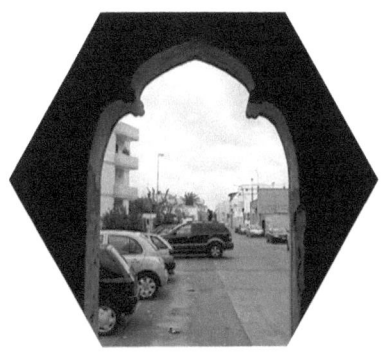

fig. 4

Moroloja, il canto dei morti

È come un risveglio, è come se il piccolo spazio all'interno del Cafausu si fosse allargato. Sono ben vestito, ho la camicia e una cravatta che non ho mai indossato in vita, immobile. Maria Concetta mi infila un paio di occhiali da vista, poi scoppia in un lungo urlo, solo dopo capisco che si tratta del preludio di un canto. Una lagna melodiosa che prosegue per ore, ipnotizza e angoscia: è la Moroloja, il canto dei morti.

Lei è stata pagata da qualcuno, non capisco da chi, anche perché io non dovrei esser morto e comunque non so neanche di cosa son morto. L'unica certezza che ho è questo lamento e questa donna che solo minuti fa mi derubava di ori e di orologi. Ora piange (senza lacrime) e mi loda, sembra conoscermi, come se mi frequentasse da anni. Sono per terra nel Cafausu, intorno ho gente che non ho mai conosciuto prima d'ora.

Maria Concetta piange a dirotto, muove il capo, si spettina, si agita, in mano ha un fazzoletto. Candele e fiori marci si perdono in un odore putrido di lavanda e caffè, ho voglia di vomitare ma non posso, a quanto pare non è concesso ai defunti.

La chiangimuerti ora suda, nuotando verso un tono parlato, ma subito ricomincia il suo vagito inebriante. La sento eludere per pudore la piacevolezza del canto, evita di proposito l'armonia della struttura musicale, in un perfetto equilibrio fra gemito e melodia. Inizio a dare attenzione alle parole, non sento esprimere nessun concetto cristiano sulla morte o sulla resurrezione, né sento citare Cristo, la Madonna o altri Santi.

Dopo la vita c'è solo dissoluzione, "notte buia". Ascolto un richiamo a Tanato (Thanatos, la morte in persona) e alla fata Sorte, con il suo drammatico potere di dominio e di destino. Credo di recuperare un ricordo; mia nonna Vicenzina diventò demente intorno agli ottant'anni, cantava spesso una canzone di Orietta Berti:

Stretti, stretti,
nell'estasi d'amor,
la Spagnola sa amar così,
bocca a bocca la notte e il dì.

Subito dopo si interrompeva per perdersi in un lamento angosciante:

«Ohimmè, Sorte noscia.»

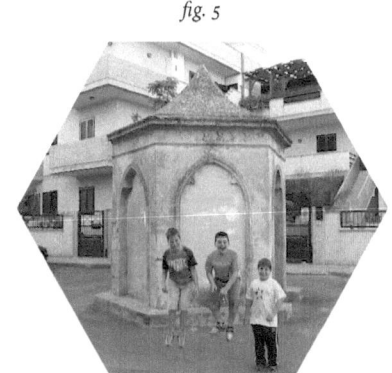

fig. 5

Il Nanocafausu

Era quasi sera. Conoscevo bene quella periferia: lu Cafausu era nel riflesso di una pozzanghera assieme a uno striminzito alberello di pepe rosa. Intorno villette a schiera e condomini che odoravano di polveri edilizie e malta. Mi apparve come un ciclope che socchiude il monocolo. Mai come allora afferrai così chiaramente la totale ingovernabilità della sua bellezza e contemporaneamente la sua totale autonomia rispetto al mio sentire.

Erano giorni piovosi e un cane scuro si riparava sotto il tetto: da lontano solo una chiazza, come un pantano di pece.

Due ore dopo ero in una stanza piena di stampanti Canon: il professor C era davanti a me, seduto nel suo studio, all'interno del Nanotechnology Research Group. A lui lo avevo espresso limpidamente: sentivo l'esigenza fisica di contenere quel luogo, la necessità di inglobarlo. Lu Cafausu doveva poter viaggiare grazie al mio corpo, volevo diventare il suo vettore, sentivo tutta l'urgenza di nasconderlo, incorporan-

dolo come in un feto. Diventare la sua cornice viven-
te. Al professore dissi anche che la prima volta che ne
parlai con Cesare (un amico comune), mi spinse subito ad ingoiarlo. INGOIARLO. Ero affascinato dalla
parola piuttosto che dall'atto in sé. I processi digesti-
vi sono fatti per trasformare o per espellere, ma il na-
no-Cafausu non si sarebbe dovuto mai trasformare.

Talinjit era di New Delhi e da un paio di anni as-
sisteva il Professor C. Insieme tentavano con enor-
me pazienza di spiegarmi come pilotare un volano
con il quale avrei potuto creare "a mano libera" la
nanoscultura del Cafausu. Solo dopo si sarebbero
dovuti trovare circa diecimila euro: era il costo me-
dio di un ipotetico materiale su cui "lavorare", per il
resto l'uso dei laboratori e dell'équipe era gratuito,
visto che l'idea piaceva un po' a tutti. C'era qualcosa
che però mi allarmava non poco; in quel momento
io provavo la mia scultura su una materia semplice
da modellare, ma tossica:

«È l'elemento più duttile e flessibile che ci sia, ma
non è adatta. Non lo è perché non possiamo dirti
cosa accadrà fra dieci anni nel tuo corpo. Noi possiamo iniettarlo in un muscolo, sottopelle o, se pre-
ferisci, con un lungo ago nel parenchima di qualche
organo. Nessuno potrà mai dirti cosa ne sarà del tuo
piccolo Cafausu nel momento in cui dovesse iniziare a circolare liberamente nel tuo organismo...»

Il fatto è che io continuavo a complicare la vicenda, pensavo a un materiale che rimanesse stabile nella forma modellata solo entro i gradi di un uomo vivo. Immaginavo la mia morte e nello stesso momento Lu Cafausu nell'atto di disfarsi dentro di me, con me.

Quel giorno portai a casa alcune riviste: "Mechanical and Electrical Behavior of Carbon Nanotubes", "Rivista Italiana di Compositi e Nanotecnologie".

Nei giorni che seguirono, i tentativi di costruire una forma simile al Cafausu fallirono diverse volte. Agli scienziati che mi assistevano apparve invece tutto molto soddisfacente e cercavano di dissuadere la mia compulsione scultorea, dicevano che non avrei ottenuto molto di più neanche dopo un anno.

Ricordo che nei primi giorni insistevano molto nel suggerire una costruzione guidata da un computer sulla base di una fotografia: i risultati, però, ai miei occhi apparivano algidi, come per i modelli architettonici.

Non era quella l'opera che avrei voluto contenere, portare, sentire, incorniciare. Era necessario invece rendere meno didascalica la scultura, restituirla simbolica, sentimentale.

Talinjit a un certo punto, senza smettere di guardare un monitor, disse che mi stavo costruendo un organo non funzionale.

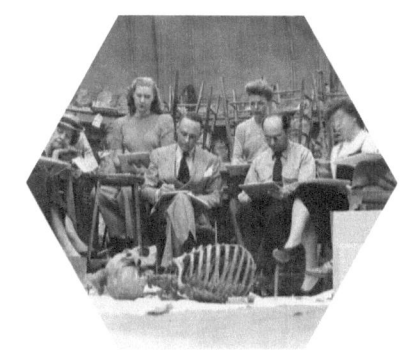

fig. 6

Dorothea

Ho davanti a me il volto di Annie L.; avrà avuto poco più di 60 anni, è morta durante un attacco cardiaco. Il suo volto è come una pallottola di carta schiacciata in un pugno. La sua bocca una scatola per gli anelli, aperta e svuotata. "Un furto", penso... e invece mi ascolto dire: "Non sarà per niente facile, Dee".

Lavorare per la MacAllister non mi è mai sembrata un'idea bislacca. Mio padre era un illustratore e aveva una strana passione per l'anatomia. Conoscere il corpo umano gli dava una sicurezza misteriosa, era per lui una specie di garanzia, come quella di chi nasconde un amuleto nelle tasche.

Chissà se il suo vero desiderio non fosse quello di plasmare i corpi, piuttosto che disegnarli. Fu lui a trasmettermi questa passione per l'anatomia, e diventò presto anche la strada che mi portò all'arte, alla scultura.

Un giorno come un altro, nel guardare e toccare per l'ennesima volta un cranio, iniziai a percepire che quello che stavo facendo non era altro che concepire l'intuizione di un volto. Un ritrattista, ma la mia azione era limpidamente scultorea. Avevo la necessità di comporre le forme sentendole crescere sotto le mie dita.

Qui alla Embalming School manipolo una materia che non è creta. Sfiorare le labbra, stirare la fronte, pettinare capelli e ritoccare le sopracciglia mi costringe a immaginare i movimenti di un volto, il suo carattere, i tic, tutte le sue espressioni possibili; la vita si palesa sotto le mie mani nella morte o, meglio, in ciò che resta. Ho messo a punto nel tempo una tecnica nel rimodellamento della faccia dei cadaveri: sottili ma resistenti fili elastici, cuciti all'interno delle guance, consentono di ripristinare la tensione della pelle, di tenere in posizione la miscela di cera, paraffina e amido di mais che ho sempre usato per riempire la cavità della bocca e restituire, nei punti dove è necessario, la liscia densità al volto.

Sento che lavorare su un teschio è molto di più che fare una scultura; certo il problema dello scultore è sempre stata la necessità di dare vita alla sua creazione, ma quei volti riescono a donarmi un'emozione difficile da descrivere. Non è tanto l'idea di immaginare la persona rediviva, non è proprio una questione di illusione, né un sentimento di potere sulla vita o sui corpi; è solo una condizione simile a quella che alcuni sogni, confusamente, donano.

Ho sempre saputo che nessuno avrebbe vissuto di nuovo, che le mie mani non avrebbero restituito nulla, tantomeno la vita, è solo che proprio in questi giorni sento di avere sui volti dei miei cadaveri uno strano potere, qualcosa di fragile ma che richiama per intero l'idea della vita come potenzialità, è l'emozione di un istante in cui il tempo inspiegabilmente perde la sua dimensione e quindi la sua stessa ragione d'essere. L'attimo in cui qualcosa sta per accadere.

Liberamente ispirato alla vita e al lavoro di Dorothea Denslow (1900–1971), scultrice, fondatrice del Clay Club (1928) più tardi rinominato Sculpture Center. Denslow insegnò anatomia in una ditta di imbalsamazione dal 1946 al 1951.

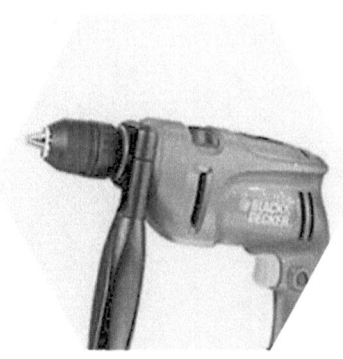

fig. 7

Le teste di Modigliani

Provate a immaginare il ritrovamento di alcune opere sconosciute di Modigliani durante una mostra a lui dedicata, e aggiungete il putiferio di attribuzioni, dichiarazioni, expertise, proclami e precisazioni che necessariamente seguono a queste faccende.

Ora provate a immaginare quattro ragazzi liceali in un giardino, con martello e scalpello, intenti a lavorare una pietra, pregustando la faccia stupefatta di coloro che la ritroveranno; perlomeno nei primi minuti, poiché sicuramente gli esperti si renderanno conto ben presto che la statua è una patacca. Provate ora a immaginare la faccia dei ragazzi quando invece la statua vien presa per vera e son costretti loro stessi a rivelare la beffa.

Sono passati 23 anni da quando è stata messa a segno una delle più grandi bufale che si ricordino nella storia dell'arte italiana. Quattro ragazzi livornesi, da buoni cittadini, si diedero da fare per dare anche loro un contributo a quell'avventura strampalata che fu il recupero delle presunte sculture di

Modigliani. Si diceva infatti che l'artista, in un momento di scoraggiamento, convinto che le sue sculture non avrebbero mai eguagliato le pitture, le avesse buttate nel fosso mediceo.

Dopo avere tirato su di tutto, tranne le sculture, la gente cominciò a riderci su e ad ogni nuovo ritrovamento esclamare: «Ecco la bicicletta del Modigliani!», «Ecco la scarpa di Amedeo!»…

Quatti quatti, una di quelle notti, Pietro Luridiana, Pierfrancesco Ferrucci, Michele Ghelarducci e Michele Genovesi, dopo aver scolpito con il Black&Decker un pezzo di pietra, lo gettarono nel fosso. Il giorno seguente, continuando a dragare, i lavoranti trovarono una testa scolpita alla Modigliani ma, con grande stupore, i nostri amici dovettero constatare che non era quella che avevano fatto loro!

Il vero autore era Angelo Froglia, lavoratore portuale e artista, che in seguito dichiarò che la sua azione poteva essere considerate un'opera d'arte concettuale che mirava a smascherare i meccanismi del mondo dell'arte. Ma la burla vinse sul concetto e l'attenzione dei media, quando l'intera vicenda fu svelata, fu tutta per i quattro ragazzi.

La testa da loro scolpita fu in effetti la seconda ad essere rinvenuta. Immediatamente dopo, i più grandi luminari espressero opinioni altisonanti sulle opere e sulla vicenda, confermando, expertise alla mano, l'autenticità delle opere (si deve ricordare che, fuori dal coro, Federico Zeri fu l'unico a dire che le sculture erano talmente "acerbe" che, anche ammesso fossero vere, Modigliani aveva fatto bene a liberarsene).

I quattro amici parenti di Buffalmacco e Calandrino devono avere riso parecchio, anche se a un certo punto la cosa acquistò un rilievo tale che era difficile venirne fuori dicendo semplicemente: «Vabbe', abbiamo scherzato». Ma la fortuna premia gli arditi anche perché i nostri, che d'altronde non avevano commesso alcun reato, dimostrarono la verità con alcune foto che avevano scattato nei momenti topici e infine davanti alle telecamere, in prima serata, replicarono (con i soliti attrezzi) l'*opera*: un perfetto Modigliani, in 45'.

Michele mi ha confessato di aver ricominciato da qualche anno a scolpire, e io ho subito capito che lo spirito di Modì assieme a quello di Angelo Froglia, che da qualche anno ci ha lasciato, sono ancora in città per spargere in ogni dove il virus della scultura.

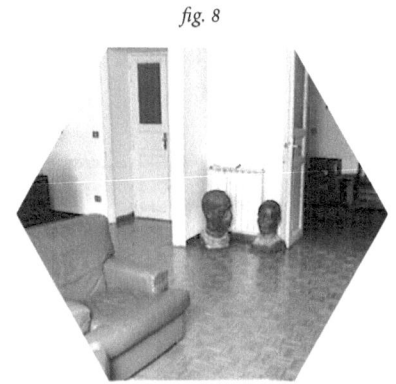

fig. 8

Uno scultore cieco

L'ultima immagine è quella di una grandinata di piccoli sassi neri, sul fondo grigio piombo del cielo. Poi un gran bruciore su tutta la faccia e una fitta lancinante dentro all'incavo degli occhi. Ero sdraiato su un letto; delle voci sussurravano, così piano che le parole, anche se sembravano riferirsi a me, erano quasi incomprensibili. A volte mi sembrava di sentire la parola "estrazione". Odore di cloroformio e, in lontananza, dei lamenti.

Cinque anni fa, quando ho consegnato la mia opera al Capo del Governo Benito Mussolini, egli è stato assai sorpreso e contento. Mi ha detto che raramente aveva visto ritratti così somiglianti e, saputo che l'avevo ritratto con il solo aiuto della memoria e toccando qualche altra scultura come quella del Selva, mi permise di passare la mia mano sul suo viso per rendermi conto di aver fatto bene.

Per il regime ero una specie di eroe: reso cieco da una granata verso la fine della guerra, avevo cominciato a scolpire: modellavo l'argilla, scolpivo la pietra, ricevevo decine di commesse e le mie sculture oggi adornano molti edifici pubblici di Roma, la grande casa madre degli invalidi, il ministero, la sede dei ciechi di guerra.

Col tempo però mi è parso di capire che esiste un'altra possibilità, oltre a quella di cercare di riprodurre nel modo più simile le forme di un volto o le dimensioni di un corpo. È stata Zighina, figlia del sole. È stata lei che, accettando di fare da modella a uno scultore cieco, si è lasciata toccare non solo sul viso, ma su tutto il corpo. Non capisco quasi nulla della sua lingua, e lei non capisce la mia, ma guida le mie mani, e con le sue mi incoraggia a conoscerla nel solo modo in cui posso. Con una ingenuità (o noncuranza?) che a me sembra naturalezza e complicità, ella mi lascia libero di avvertire piacere nel toccarla.

Da quando sono cieco ho sempre detto che i suoni quasi sempre mi sembrano un'intrusione, che l'olfatto è inutile, e che mangiare serve solo a riempirsi la pancia. Dicevo che un cieco ha gli occhi sui polpastrelli; ma da quando c'è Zighina il tatto mi dà una soddisfazione che era impensabile. Oggi mi sembra che la mia arte possa andare oltre il colore e la figura. Vorrei poter fare una scultura che riproduca la sensualità di una superficie liscia e non la forma di un braccio o di una coscia, il godimento dell'accarezzare un seno che freme e non la sua perfetta rotondità. Vorrei essere un pioniere, e far diventare la scultura una cosa che non è mai stata, un'arte del tatto.

Liberamente tratto dalla storia di Filippo Bausola (1893–1952), divenuto scultore dopo aver perso la vista nella Prima guerra mondiale, e dal film *Môjuu* (titolo inglese: Blind Beast) di Masumura Yasuzo (1969).

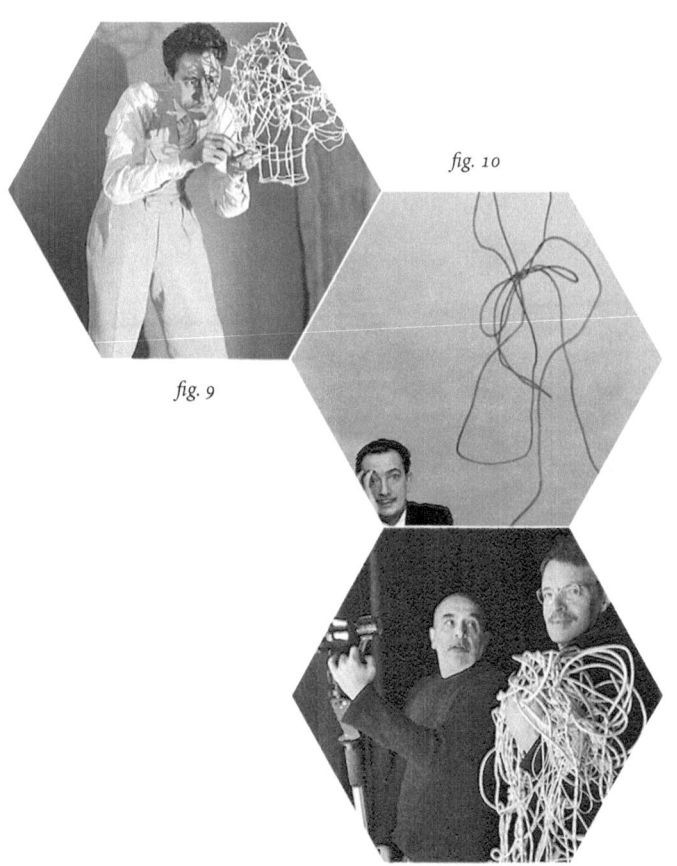

fig. 9

fig. 10

fig. 11

Uno specchio per cinque

Nella cripta del Cabaret Voltaire verrà costruito un set dove sarà girata la prima scena di un film. In questa scena cinque attori non professionisti saranno invitati a interpretare le personali ossessioni dei cinque componenti de "Lu Cafausu", che avranno il ruolo di registi. Il pubblico sarà molto vicino all'azione e, talvolta, ne farà inevitabilmente parte.

Attraverso questo film i cinque artisti si confronteranno con se stessi, con i loro riflessi, le loro contraddizioni.

Parte 1: I pensieri perduti di Giancarlo

«Ci sono tre cose che non posso assolutamente scordare. Primo, io non ho ossessioni. Secondo, ogni nostro ritratto deve essere suddiviso in cinque ego. E terzo... ho già dimenticato, mi spiace.

Per essere più preciso in quanto ho da dirvi, debbo cominciare descrivendo alcune delle immagini che vagano nella mia mente, come segue. Prego, accomodatevi.»

«Siamo qui: la foto di Jean, scattata da Man. In questo caso, Man il fotografo rivela Jean il poeta che ha ritratto se stesso usando un cavo metallico. La testa di Jean penzola dal soffitto (intendo dire, il suo ritratto fatto di fil di ferro), ed è così sapientemente attorcigliata su se stessa da sembrare un cervello che proietta la sua ombra, prima sulla testa del poeta e poi sullo sfondo. I due soggetti, il poeta e la sua testa-di-filo, sono fusi nella stessa ombra. Così il poeta e il fildiferro, i pensieri e la loro rappresentazione sono fatti ora della stessa materia, come potete vedere.»

«La mano destra di Salvador – nella foto fatta da Arnold – sembra aggrapparsi alla propria testa. O forse no, sta solo per coprirsi il volto. Il pittore sta cominciando a riconoscere nelle giravolte, nei nodi e negli infiocchettamenti di un cavo (anche qui) fluttuante nell'aria, la figura di una donna molto, molto desiderabile nell'atto di svestirsi: una donna che tuttavia non riuscirà mai a possedere perché è fatta di puro desiderio e, proprio per questo, diviene testimone di un fallimento, per un artista, ancora più insopportabile.»

«Infine, nonostante la sua aria démodé, l'ultima immagine viene dal presente. Riconosco a sinistra il nostro amico Flavio con la sua fotocamera Black Magic, e Luigi N. che tiene quel cavo come fosse un chiaro e fluido scheletro da indossare più tardi in scena. Mi guarda mentre è fissato dall'altro. Non ama per nulla questo ritratto in cui fa fatica a riconoscersi, forse perché si ritiene svelato nella sua intima essenza, con il dentro al posto del fuori, oppure perché le rotondità di questo nuovo corpo sovrapposto hanno fattezze evidentemente femminili.»

Parte 2: Gli alias

Una e Adrian hanno progettato un set che ricorda per metà uno ziggurat e per metà un ring per incontri di boxe, collocato al centro della cripta. È rivestito con una lamina di rame, la colonna è stata inglobata nella scenografia. Ci sono un letto, un tavolino, una lampada, una sedia. Non ci sarà abbastanza spazio per tutte quelle persone in attesa, ma non importa. La folla inizia a entrare nella cripta e a sedersi ovunque. Decidiamo di ignorare completamente il pubblico.

L'azione ha inizio, diamo istruzioni ai nostri doppi. Effettivamente la nostra voce dovrebbe guidare le azioni degli attori, dovrebbe essere ferma, decisa e ben udibile, ma non si riesce a sentire una parola. Il pubblico è attonito, talvolta rumoreggia, ma tanto non esiste, come abbiamo detto.

L'alter ego di Luigi P. si prepara con cura per la giornata, si veste prestando estrema attenzione a ogni dettaglio. Camicia, smoking e guanti bianchi, persino un cappello a cilindro. Infine uno specchio portatile col quale vorrebbe riflettersi, ma la cui superficie specchiante ospita invece una riproduzione de *L'origine du monde* di Courbet.

Il secondo Cesare cammina guardandosi intorno. La sua attenzione è catturata unicamente dagli esemplari umani di sesso femminile, che vengono lentamente squadrati, dal basso verso l'alto, con un movimento verticale dello sguardo che si sofferma su precise parti anatomiche. È ossessionato dai piedi e dalle gambe. Ogni altro possibile obiettivo non è per lui di alcun interesse.

Il sostituto di Emilio si spoglia prima di andare a letto, ma lo deve fare seguendo una particolare procedura. Dopo aver creato un varco triangolare spostando leggermente lenzuolo e coperta, con un salto netto – ma a piedi uniti – deve atterrare esattamente nello spazio appena predisposto. Se non riuscirà nell'impresa, come si impegna a fare ogni sera, farà bruttissimi sogni.

L'altro Luigi (N.) ha un meraviglioso corpo femminile incinto, ma non importa (anzi, meglio). Ha tra le mani un grosso groviglio di cavi e di corde che tenta di districare, ma più procede e più la matassa sembra vivere di vita propria, si attorciglia, si confonde con se stessa, sembra volersi sottrarre a ogni tentativo di ritorno all'ordine, a ogni regola, a ogni controllo, quasi fosse una metafora della vita.

Il finto Giancarlo ha una presunta intolleranza, o una vera idiosincrasia, verso alcune sostanze contenute negli alimenti. Legge e rilegge gli ingredienti riportati sulla scatola dei biscotti prima di mangiarli. La lettura prosegue anche durante la masticazione, e talvolta sembra alzare la voce come per evocare anche eventuali altri ingredienti non dichiarati, come a svelare un inganno, sviluppandosi in un rituale arcaico che sembra non finire mai e che contiene in sé sia incredulità che incantesimo.

Le cinque azioni appena descritte proseguono, ripetute, per oltre due ore. Nonostante l'evidente bizzarria, con il passare del tempo e con l'incessante ripetizione degli schemi esse sembrano diventare "reali" e non rappresentazioni messe in scena. O forse è il pubblico, comprese le decine di persone che non riescono a entrare e a vedere quasi nulla, a diventare irreale, come irreali sono le ossessioni della serata, del Cabaret Voltaire, del centenario della prima apparizione al mondo di Dada. Come è noto, la realtà e il suo doppio sono intrecciate insieme con fili.

Parte 3: Coincidenze

Fig. 9, Jean Cocteau ritratto da Man Ray, Parigi 1928;

Fig. 10, Salvador Dalí fotografato da Arnold Newman, New York 1951;

Fig. 11, Flavio Bonetti e Luigi Negro instagrammati da Giancarlo Norese, Zurigo 2016.

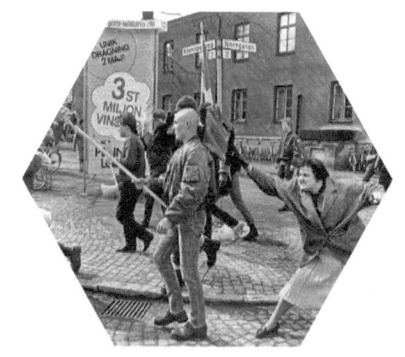

fig. 12

Anna Vaniglia

La voce femminile fuori campo ha un accento francese con una flessione dialettale salentina, si sovrappone ai primi piani delle doglie di una donna, a quelli di un corpo tatuato e sudato durante un parto casalingo notturno, poco illuminato.

Anna Vaniglia iniziò a parlare sulla soglia di un bagno pubblico, eravamo sull'intreccio di tre corridoi completamente vuoti. Lo faceva con un timbro compatto, insabbiato, interrotto da brevi colpi di tosse e dal nauseabondo tanfo del suo sudore. Il monologo si clonò rimbalzando dal soffitto in una sottile moltitudine di eco. Chiusi la porta (sembrava di cartone) lasciandola fuori, l'aria della toilette era carica di ammoniaca, le sue parole si infilavano fitte dai pertugi degli infissi. Il suono che ascoltavo riempiva ogni spazio, l'intestino si contorceva creando grovigli inestricabili di sentimenti e pensieri carichi di contraddizioni. Ero sul margine di una finitudine, solo apparentemente di un parto, un inizio che aveva tutti i sintomi di una fine.

O viceversa, ora non ricordo più così bene.

Certo era che quei suoni emessi dalla bocca di Anna mi paralizzavano, riportandomi nel tempo in cui ascoltavo un altro sconclusionato confabulare sotto il porticato di un condominio bolognese. Era il posto dove avevo deciso di vivere: Ennio l'ubriacone si rotolava in cerca di pace, per tutta la notte bofonchiava sputando dittonghi, vocali e saliva; solo tutto assieme, a volte, prendeva senso. Qualche differenza però c'era, Anna Vaniglia sembrava piuttosto annaspare nel tentativo di nuotare. Ecco, sì: le sue parole emergevano dalla bocca come ovatta impregnata di acqua o cipria.

Tecnicamente il fatto qui era che la Vaniglia quella mattina avrebbe voluto dichiarare (in una varietà infinita di possibilità) la propria "posizione di neutralità" rispetto al contratto presentato davanti a una sala piena di sindacalisti, impiegati e associazioni di dirigenti precari. Fu chiaro a tutti che non sarebbe neanche riuscita ad alzare il dito fino alla fine.

Non è facile defecare mentre qualcuno, che neanche conosci bene, urla cercando la tua attenzione nervosamente fuori dalla porta del bagno, che poi io ero diventata anche stitica. Ero stanca, sfinita, e non erano neanche le 10 del mattino.

(Da qui in poi le scene si sovrappongono più o meno seguendo didascalicamente ciò che la voce racconta)

"NON SENTO"
e poi ancora
"NON SENTO, ANNA ASPETTA, N-O-N T-I S-E-N-T-O"

Detto questo tirai lo scroscio e iniziai a lavare le mani cercando invano di vomitare.

Sentivo invece Anna spingere le sue parole con un pugno sulla porta, tirando avanti il soffocante soliloquio, da dove emersero concetti sempre più incerti e, sul finire, astratti. Me ne accorsi dal suono monotono della sua voce, da un noiosissimo fonema completamente atono. Era come entrare in un labirinto che proprio non avresti immaginato di trovare dentro il bagno di un ente pubblico durante una luminosa giornata di sole.

Era come essere nuovamente dentro uno di quegli incubi ricorrenti che facevo nei pomeriggi d'inizio estate a casa dei miei. Mi scioglievo dentro un divano di stoffa ruvida, guardavo il giardino e m'intorpidivo pensando agli esami da fare. Annegavo sommersa in dedali di correnti e lunghe onde d'acqua, nel tentativo di dire qualcosa a qualcuno, sentivo le orecchie riempirsi, non abbastanza da permettermi la distanza dalle parole, imperterrita

proseguivo fino ad affogare. Mi venne in mente che
solo qualche istante prima ero così giovane che an-
nusavo ancora il pane ed ascoltavo nuda i Cure. In
bagno facilmente ammiccavo al mio volto riflesso;
ricordo le volte in cui leccavo anche la pelle che al
sole aveva il sapore d'incenso. Ma solo d'estate, ché
d'inverno era come leccare la buccia di un limone
malato.

Ora quando sono davanti ad uno specchio evito
di scambiare sguardi con chi conosco appena. Ora
quando sono davanti ad uno specchio, magari in un
bagno pubblico, a volte vomito e più spesso cerco
di piangere. Ma davvero vi dico, non è proprio così
facile farlo.

Le urla di Giacomo Vinci, sindacalista di Reg-
gio Emilia, si sentivano fin dall'ascensore; urla
rituali, inutili, recitate, una messa in scena collettiva, dove chiunque era costretto a finge-
re di rappresentare, di interessarsi di qualcosa. Gran parte degli attori sembravano copiar-
si a vicenda per atteggiamento, tono, volume.
I rimanenti sembravano avventori, per caso o co-
strizione, per questo tutti semplicemente si immagi-
navano altrove. Io ero una di loro, se pur, in effetti,
non sono mai stata per molto tempo in quella sala,
non ero obbligata da nulla a esserci, ma la mia condizione abituale non era migliore, la stanza in cui
ero costretta era misteriosa, ogni mattina odorava

di detersivo, eppure non sembrava ci fosse entrata anima viva, le polveri accumulate erano lì da mesi, le lasciavo appositamente per personale curiosità investigativa.

Guardavo il computer per l'intera giornata, interagendo a volte con lui, ma di più con il muro di fronte; in primavera il sole collaborava con la tapparella disegnandoci su un pene. Per il resto devo dire che non veniva neanche voglia di affacciarsi alla finestra azzurra, che fiancheggiava una strada a scorrimento veloce; quando non ascoltavo le urla disperate delle auto, ero rapita dai picchi recitativi di Giacomo Vinci e dei suoi epigoni. Era a quel punto che indossavo le cuffie e ascoltavo *The Wrong Child* dei REM. Un pezzo deprimente, ma l'unico disponibile offline.

(Buio)

I've watched the children come and go
A late long march into spring
I sit and watch those children
Jump in the tall grass
Leap the sprinkler
Walk in the ground
Bicycle clothespin spokes
The sound, the smell of swingset hands

I will try to sing a happy song
I'll try and make a happy game to play

Come play with me I whispered to my new found friend
Tell me what it's like to go outside
I've never been
Tell me what it's like to just go outside
I've never been
And I never will

And I'm not supposed to be like this
I'm not supposed to be like this
But it's okay

Hey those kids are looking at me
I told my friend myself
Those kids are looking at me
They're laughing and they're running over here
They're laughing and they're running over here

What do I do?
What can I do?
What should I do?
What do I say?
What can I say?

I said I'm not supposed to be like this
Let's try to find a happy game to play

Let's try to find a happy game to play

I'm not supposed to be like this
But it's okay, okay

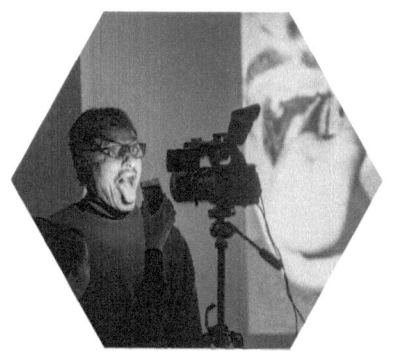

fig. 13

Lo schermo sarà bianco

Lo schermo sarà bianco e resterà tale per tutta la durata della scena. Due voci sono impegnate in un dialogo che suona molto intimo – per cui si supporrà che si tratti di due amanti, M. e S. – e che a volte è interrotto da lunghi silenzi, o piuttosto da rumori sommessi e sussurri difficili da decifrare. Sulla parte bassa dello schermo si susseguiranno delle frasi, che a prima vista potrebbero sembrare sottotitoli; in effetti si tratta di frasi scritte a matita, con una grafia nervosa, come quella usata quando si scrivono in fretta degli appunti.

Dopo un po' sarà evidente che questi strani sottotitoli non hanno a che fare con il dialogo fuori campo; certamente non ne rappresentano la trascrizione né una traduzione in un'altra lingua. Sembreranno invece istruzioni date agli spettatori del film; oppure ipotesi interpretative o, infine, accenni alle motivazioni e alle teorie che, secondo l'artista (il regista), precedono e determinano l'opera (il film).

Non è chiaro quale sia la storia. Molti elementi, infatti, sembrerebbero indurre chi guarda a pensare che la storia, intesa come sviluppo narrativo sequenziale, sia qui negata come possibilità stessa. Lo schermo bianco, evidentemente, allude all'invisibilità, o forse a un'entropia delle immagini di una storia, così come il "rumore bianco" è una somma di suoni che si fa indistinzione. Le voci sono colte in momenti separati tra loro: probabilmente si tratta di segmenti di registrazioni che i due hanno fatto in situazioni e momenti diversi, in un periodo di tempo piuttosto lungo. L'idea delle registrazioni è di M., frutto della sua ostinazione a credere che il modo migliore per elaborare una difficoltà (qualsiasi genere di difficoltà) sia osservarla attraverso la mediazione di un linguaggio artistico – qui rappresentata dalla semplice presenza di un registratore acceso.

S. sembra subire questa situazione con un leggero fastidio, come se in questo modo un filtro inutile fosse imposto alla loro esperienza. A tratti però ne è divertita, quasi sollevata dall'espressione di debolezza che M. lascia trapelare, con un modo di fare che a lei sembra quasi infantile, un po' impacciato e un po' incosciente.

Si sente la voce di M.: «Penso a un film erotico in cui non si vede nulla, solo si sentono i due amanti, noi, che parliamo quando non riusciamo a fare l'amore… parliamo di fantasmi che rendono impotenti…»

Ora parla S.: «E perché lo vuoi fare? E poi, perché questo sarebbe erotico?»

«Mi piace esplorare il fatto che le parole, sia in ciò che significano, sia nel suono che producono, possano essere veicoli di eccitazione per chi ascolta, ma anche per noi che siamo in dialogo. Mi piacerebbe riuscire a far passare, fra l'esperienza reale e la costruzione di un film, un flusso che possa portare energia desiderante e senso all'una e all'altro.»

«Dillo più chiaramente: tu vuoi trasformare la realtà in arte, per anestetizzarne le parti che ti fanno male: vuoi aggirare la realtà, prenderla di sorpresa, superarla. A volte penso che questo ti impedisca di vivere per davvero…»

«Vorrei che fosse il contrario, vorrei che la… vitalità fosse alimentata dalla consapevolezza, dalla capacità di cambiare punto di osservazione, da una danza che le facciamo intorno…»

La registrazione continua, ma le voci sono ora così basse che non si comprende più il significato delle parole; forse non sono più neanche parole, i rumori che si sentono.

Pausa.

M. parla di nuovo; il rumore di fondo sembra quello di un'automobile che corre a velocità costante: «…ora, cosa è successo con te? Per la prima volta mi è capitato di sentire che un gioco erotico di sottomissione fosse vissuto, dalla persona che mi stava dominando, con un alto grado di eccitazione. Ho percepito una tua capacità di agire, di recitare, di *play* il ruolo dominante, che è stato sorprendente. Sai, con altre persone avevo sempre sentito una forzatura, una situazione falsa, costruita solo per compiacere me; e questo mi faceva perdere ogni fantasia... Mi ha sorpreso questa tua facilità, anzi l'evidenza, che tu senti 'tuo' questo ruolo. Forse è a causa di questa sorpresa che ti ho proposto di lavorare insieme a questo film.»

S.: «Ma come interagisce questo, cioè come interagisco io, con il tuo senso di colpa?»

M., a bassa voce, quasi parlasse da solo: «Il senso di colpa...»

«Alza la voce.»

«Sì, scusa. Quello che ti insegnano, da quando sei adolescente, è svalorizzare gli atteggiamenti di sottomissione. C'è un senso di colpa profondo, che precede la dimensione erotica, e che ha a che fare con l'identità maschile in sé. Non si è veramente maschi, se ci si eccita a essere messi sotto.»

«E tu sei convinto di questo?»

«Mi piacerebbe liberarmi di questa convinzione, ma non ne sono affatto libero: questa, per esempio, è la prima volta che ne parlo davanti a un registratore... Però intimamente penso che questa mia contraddizione – la vergogna rispetto a qualcosa che mi attrae; eccitazione e inibizione che si manifestano allo stesso momento – abbia contribuito a sviluppa-re forme particolari di sensibilità, e di attenzione nei confronti dei miei stessi meccanismi di pensiero. La negoziazione tra un pensiero così segreto e carico di eccitazione, e la volontà di essere normale, e di es-sere non necessariamente *come* gli altri, ma sicura-mente *con* gli altri, è sempre avvenuta in solitudine, e ha sviluppato un'abitudine auto-analitica che ha determinato il fatto che io sia diventato un artista.»

«Non mi hai ancora risposto.»

«... tu e il mio senso di colpa... all'inizio è stato traumatico. La tua voce che diceva certe cose è en-trata nella mia testa e ha suscitato fantasmi che mi sembrava avessero un potere diabolico.»

«Cosa diceva la mia voce?»

«Eh... non ricordo esattamente le frasi... Il sen-so era, diciamo... un gioco... Una situazione in cui (qui la voce di M. cambia leggermente di tonalità e si fa un po' più acuta. Il rumore di fondo è molto diminuito e il dialogo sembra ora avvenire in una stanza)... tu eri una professoressa e io uno studente, chiaramente molto eccitato ma... cioè, allo stesso tempo, soggiogato dai voleri, i capricci, gli... umori di questa... della *sua* professoressa. E lui doveva in-ginocchiarsi davanti a te, e... usare la lingua esatta-mente nei punti e nei modi che tu dicevi.»

Anche la voce di S. cambia registro, e si fa più lenta e provocatoriamente tagliente: «Guarda che

non ti ho ancora dato il permesso di farlo. Tieni ben
presente che è un privilegio che io mi faccia toccare
con la lingua da te, e che io accetti di provare piacere
in virtù di un tuo gesto, del contatto del mio corpo
con il tuo. Prima di accordarti il permesso di leccarmi voglio sentire le tue parole, e le devi dire bene,
far capire, scandire. Anche un po' recitare, se necessario; mi devi convincere, con il loro senso e con il
loro suono. Voglio supporre che tu abbia studiato a
fondo quello che mi interessa…»

«Ecco, è stato incredibile… Questa voce, la tua
voce… ha espresso in modo molto… suo… La scena
non l'ho costruita io; forse tu sei stata incoraggia-
ta da una mia attitudine, ma la scena l'hai costruita
tu. Era la prima volta che mi capitava una cosa così.
Quella notte sono stato molto turbato; l'eccitazione
era sovrastata dalla paura… il terrore di essere pos-
seduto dai fantasmi. Avevo sempre creato io nella
mia testa quelle immagini, come e quando volevo.
E invece in quel momento ho sentito che le immagini non erano più tali, e si muovevano nella realtà
indipendentemente da me. Ho temuto di perdere il
controllo della linea che… separa i due mondi.»

(Fine prima parte)

«Le fantasie erotiche di sottomissione – M. continuerà a parlare, e sembrerà un po' rinfrancato – le ho sempre create e *usate* in solitudine, ma nello stesso tempo ho sempre pensato che la possibilità di condividerle con qualcun altro potesse essere un evento liberatorio, una cosa che mi avrebbe alleggerito. Il fatto che tu mi abbia mostrato i miei stessi fantasmi come una produzione indipendente da me mi ha fatto pensare che avevo a disposizione un nuovo modo per elaborarli e non esserne travolto: osservarli dall'esterno, insieme a te, alla pari con te. Farne, insomma, un film insieme.»

Voce di S.: «Sì, questo è chiaro, ma questo film è interessante solo se, di fatto, questa distanza che tu continui a determinare – che separa la realtà dalla sua rappresentazione - ogni tanto 'salta' e noi ci troviamo non più nella situazione di chi sta allestendo una messinscena 'da fuori', ma nella *posizione* stessa dei soggetti del racconto, direttamente e completamente dentro le loro dinamiche. E tu sai benissimo che non può che essere così."

"Hai messo l'accento sulla parola 'posizione'. Ho l'impressione che tu mi voglia dire qualcosa…»

«Infatti, ti voglio dire che la tua posizione ora deve essere in ginocchio davanti a me, e non perché lo prevede la sceneggiatura, ma perché io lo desidero, e ti sto dando un ordine.»

A questo punto lo spettatore del film udrà un leggero rumore, come di corpi che si muovono.

Si sente di nuovo la voce di S.: «Tu conosci il punto. La tua lingua mi deve prima leccare tenendosi un po' larga, aperta, come se tu leccassi una superficie, lentamente e delicatamente... la lingua non deve essere contratta ma muoversi in modo fluido. Ecco, così... a lungo... lentamente (la voce di S. si farà progressivamente più discontinua, intervallata da profonde inspirazioni; allo spettatore sarà evidente che S. sta provando un piacere crescente). Poi devi... cominciare a toccare con la punta della lingua, proprio lì, ma solo un accenno, per ora, e dopo un po'... ora... devi accelerare il movimento della lingua, farlo diventare ritmico, farmi sentire che ci vai sopra e sotto, e da una parte all'altra... non smettere.... non smettere...»

La voce di M. sarà impastata, un po' confusa; con difficoltà si capirà cosa sta dicendo: «Sono convinto che la lingua... prova piacere quando pronuncia le parole, perché la pronuncia è associata a un contatto, a un incontro, con l'interno dei denti... c'è un piacere erotico nel parlare, nel toccarsi con la lingua... È come il fatto di leccarti, ora... sentire il punto dove la mia lingua ti tocca, lì dove c'è un piccolo ostacolo... che la lingua incontra, e poi... scavalca... Parlare... toccarti... capisci? È importante... il simbolico si incontra... con il sensibile... godono entrambi... noi...»

«Continua, non smettere; puoi anche parlare, ma non smettere di leccare...»

Durante una breve pausa del dialogo, sullo schermo bianco, un po' a sorpresa, apparirà una frase tratta da un manuale di fonetica.

Nella produzione delle consonanti l'aria espirata incontra lungo il suo percorso verso l'esterno degli ostacoli, restringimenti od occlusioni. È proprio l'incontro-scontro fra il flusso dell'aria espiratoria e questi ostacoli a produrre il suono tipico di ciascun fonema. In assenza di ostacoli l'espirazione sarà invece del tutto silenziosa.

«Se vuoi condurre un dialogo – sembrerà che S. abbia ripreso a parlare in modo più lineare – che sia eccitante per chi lo ascolta come lo è per noi, sarà necessario prima di tutto esplorarne l'aspetto sonoro: si può bisbigliare, come sto facendo adesso, producendo parole senza usare le corde vocali, ma facendo sentire bene il rumore prodotto dal movimento della lingua che sembra staccarsi a fatica dal palato e, per esempio, fa un piccolo schiocco; un rumore che esprima sensualità non soltanto nell'orecchio che lo sente, ma anche nella bocca: l'idea di riprodurre quello schiocco farà venire l'acquolina allo spettatore. Potremo poi evocare immagini, per esempio descrivere quello che sta accadendo ora: tu che, in ginocchio davanti a me, mi lecchi proprio nel... punto giusto. Ma tu non riuscirai mai a produrre una teoria del film che sia eccitante per chi ascolta.»

M. parlerà e sembrerà più a suo agio e sicuro di sé: «Molto presto il bambino impara il divieto: gli viene detto che certe cose non le può toccare, che certe altre non le può fare: che il corpo della madre non è sempre a sua disposizione. Ogni divieto comincia con una parola che esprime una negazione: 'No!', 'Non...'. Ogni divieto è un atto di parola, un'*interdizione*. La cosiddetta perversione è l'erotizzazione dell'interdetto, la tendenza a legare il desiderio sessuale alla proibizione proprio di ciò che si desidera: eccitarsi a causa dell'espressione verbale di un divieto.»

«In effetti mi eccita molto vedere che tu mi desideri, e giocare con quel tuo desiderio, tenerti a distanza, proibirti di toccarmi: le mie parole, dette in un certo modo, ti e mi fanno eccitare ancora di più.»

«Sì, possiamo arrivare al godimento attraverso il contatto fisico; ma possiamo, se usiamo bene la lingua, godere anche ascoltando, o dicendo, parole che esprimono la proibizione di quel contatto.»

«E questo c'entra, con il nostro film?»

«Credo di sì. Tu hai detto che è impossibile riuscire a leccare le parti sensibili degli spettatori, per far loro sentire la fisicità dell'opera. È vero. Ma se il film riesce a giocare con il loro desiderio di entrare nell'opera e di comprenderla, suscitando quel desiderio e poi esprimendo il divieto ('Non puoi vedere!'), potremmo far crescere la loro eccitazione.»

Sullo schermo, sempre completamente bianco, apparirà una frase: *L'arte di avanguardia ha tentato di andare oltre l'erotizzazione del 'no!' e della distanza fra lo spettatore e l'opera; ha tentato di rendere reale, autentico, e positivo l'incontro fra i linguaggi e i soggetti".*

«Mi piace la tua... lingua. Ma ora taci, e continua a leccarmi la f**a.»

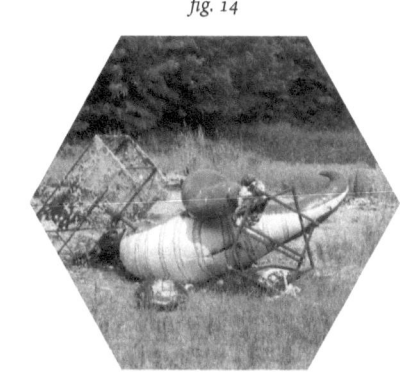

fig. 14

La resurrezione dei maghi

In giro per i viali alberati dell'ospedale un sacco di gente strana indossa tute e magliette consunte. Alcuni con pantofole, altri con scarpe da ginnastica, altri ancora con vestaglie, e comunque nessuno vestito da Napoleone. Le dita rigorosamente ingiallite dal fumo quasi in tutti i passeggiatori (ogni tanto qualche urlo).

L'artista è appena entrato nell'atelier, preceduto da Gabriella, e il suo sguardo cade su una serie di riviste e cataloghi che i degenti usano per trarre spunto per i proprio disegni. Tra questi spicca una folta collezione di *I maestri del colore*, una collana che l'artista adora, una pubblicazione che sembra senza tempo e che dedica la medesima cura a pittori vissuti anche a mille anni di distanza. Fuori dall'impilata la monografia di Maso Di Banco, un pittore coevo di Giotto che è stato molto attivo in Toscana.

L'artista prende in mano il volume e inizia a sfogliarlo senza intenzione, come fa sempre, partendo dalla fine. Gli si apre una doppia pagina con *I miracoli di San Silvestro* (dipinti in Santa Croce a Firenze). Inizia a soffermarsi su una strana ma nitida immagine, *La resurrezione dei maghi*.

Come tradizione medievale vuole, il fatto viene raccontato ponendo nella stessa scena momenti diversi dell'accadimento: le diverse fasi dell'episodio vengono riunite in un'unica rappresentazione nella quale gli stessi personaggi si sdoppiano o triplicano senza darsi fastidio e senza smarrire la linearità della narrazione. San Silvestro, nella parte sinistra dell'affresco, si vede intento a serrare le fauci di un drago che presumibilmente ha dato la morte ai due maghi distesi nella parte destra della scena. Nella parte centrale, invece, si rivede San Silvestro benedire i maghi ormai risorti e rigorosamente in ginocchio penitenti di fronte al loro salvatore. Sull'estrema destra, un gruppo di astanti commenta il miracolo come se stesse guardando una serie tv.

È abbastanza chiaro che tutta quella faccenda ha a che fare con la doppia personalità, con i disturbi della percezione di se stessi, e quello – l'Ospedale Psichiatrico di San Colombano in Lambro – era proprio il posto giusto per iniziare a pensare una scena dove gli attori si sdoppiano e compaiono molteplici e identici per raccontare i diversi momenti dell'evento.

L'artista, forse pensando di poter diventare, almeno per una volta, il "doppio" di Maso di Banco (i cui affreschi gli erano sempre sembrati incredibilmente contemporanei) avrebbe costruito un *tableau vivant* ovvero una lunga sequenza di un film in cui tutti i personaggi sono completamente fermi. Inizia a pensare a tutti i gemelli identici che conosce nonché a come potrà riuscire a governare e a costringere all'immobilità i degenti dell'ospedale che, come gli è stato detto, a volte sono anche pericolosi. Ma è soprattutto il drago che si fa strada scavando dentro la coscienza dell'artista come una trivella, stampandosi nella retina e piazzandosi nella mente. Non bisogna attendere troppo perché diventi un'ossessione: "Come faccio a inserire un drago nella scena? A chi devo chiedere per avere un drago? Dove lo trovo? Mica esistono i draghi oggigiorno…"

Pausa pranzo.

L'artista esce dall'ospedale e comincia a cercare l'unico bar esistente a San Colombano: in testa ha sempre e solo il drago; non ha neanche più la fame. Solo il drago.

Cammina verso il centro, continuando a ripetersi: «Ma 'sto drago dove lo trovo, ma sarò matto a cercare un drago? Drago, drago, drago… che poi, come è fatto un drago veramente?»

Alza la testa, volta lo sguardo a destra e in un campo, senza nulla intorno, vede un drago morto con le zampe all'aria... Ma di che scherzo si tratta? Cosa ci fa un drago morto a zampe all'aria in un campo di fronte a un ospedale psichiatrico? E soprattutto, come sapeva che qualcuno lo stava cercando per farlo diventare il personaggio di un film?

Incredulo l'artista rientra all'atelier, vede Gabriella e le chiede cosa ci fa un drago morto a zampe all'aria lì fuori... Lei ovviamente non sa rispondere, non l'ha mai visto, e l'artista inizia a pensare che si è trattato di un'allucinazione, o di una cosa che, per qualche motivo, poteva vedere solo lui. Ritorna nel campo con la macchina fotografica e il drago è ancora lì. Lo fotografa, torna all'atelier e mostra le foto a Gabriella. Ancora, lei non riesce a crederci.

Pausa notte.

Il giorno successivi l'artista scoprirà che in quel campo qualcuno aveva smontato dei carri allegorici e che quel drago probabilmente faceva parte di uno di questi... All'improvviso scomparirà anch'esso, smontato da chi sa chi e portato chissà dove.

Il film fatto di una sola lunga sequenza con dentro vari episodi, con i personaggi singoli e doppi, e con il Drago ucciso dal Santo, probabilmente non sarà mai montato, ma per l'artista ora questo non ha più molta importanza. Quello che ora gli sembra più importante è la sensazione di aver imparato a seguire i segni, a vedere il manifestarsi delle sue ossessioni. Non fare mai nulla che non sia preceduto da una visione.

La materia è plasmabile o siamo solo parte di un disegno perfetto al quale partecipiamo non senza stupore?

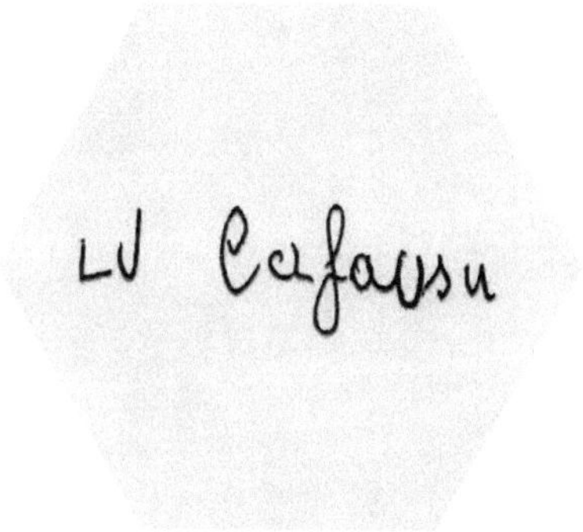

LJ Cafausu

fig. 15

Battaglia

L'armatura è talmente pesante che per allacciarsi le scarpe il cavaliere deve puntare la testa contro il muro per non cadere in avanti. Non c'è tempo. Il cavallo sta pensando di svignarsela mentre un fumo denso si leva tutt'intorno.

Prima che il cavallo abbia il tempo di alzare la zampa per approntare la fuga, il cavaliere afferra le briglie, mette la scarpa slacciata sulla staffa e la spinge all'ingiù in modo da darsi lo slancio.

(Piano sequenza minuti 2, rallentatore): Il cavallo lo guarda con l'occhio da pesce, mentre i lacci della scarpa si infilano nella giuntura dell'armatura all'altezza del ginocchio del cavaliere. Inevitabilmente il miserello frana goffamente sul cavallo che alza gli occhi al cielo. Ne esce una sorta di Guernica con un gran tonfo finale. Al fumo si unisce una nuvola polverosa tra peli di cavallo, nitriti, e schegge d'armatura.

Tromba
Il trombettiere cerca la fessura all'altezza del-

la bocca nell'elmo carenato, in modo da infilarci il bocchino e soffiarci dentro per suonare la carica, ma s'incastra tra le piccole sbarre dell'apertura. Riesce a toccare il bocchino con la lingua ma non c'è verso di soffiare. Il fumo avvolge ormai ogni cosa e penetra anche nelle sue narici.

(Primo piano, rallentatore): ne esce una serie di starnuti che fa vibrare le narici, le quali a contatto con il bocchino producono un debole fiiiuuuu, fii- iuuuu, fiiiuuuu. Son tre, è il segnale della ritirata. Mentre il cavaliere, risalito faticosamente a cavallo, ignaro, si lancia alla carica, le truppe affatto dispia- ciute, indietreggiano.

Amata
(Panoramica): Dalle bifore della camera lei guar- da lontano e sogna le notti passate aspettando co- lui che ama. Lo ama incondizionatamente. Ripensa all'ultima volta in cui si sono spinti ai limiti del di- cibile. Lei appesa all'albero della cuccagna che rotea, lui anche, subito dietro, che cerca di leccarla ma non vi riesce, in un gioco di puro erotismo volante.

A forza di allungare la lingua, per un crampo bef- fardo, quest'ultima s'irrigidisce a becco d'uccello.

Battaglia
Il cavallo, che guarda dal basso, immagina quel- lo che puntualmente sarebbe successo da lì a poco e che avrebbe voluto evitare con tutto se stesso: il

cavo che tiene legato il cavaliere si sfibra e si allunga paurosamente. Il cavaliere riesce ad appendersi alla gamba della bella che continua a roteare. Ora anche il cavo che sorregge la bella, per l'eccessivo peso (non dimentichiamo l'armatura) si srotola ma incredibilmente non cede.

La bella, mentre scalcia l'amato che la tira ancora più giù, urla e smanazza a destra e a manca nel tentativo di acchiappare qualcosa per frenare la corsa. E cosa trova se non la criniera del cavallo (che cerca di morderle la mano). Il trio è ora lanciato a grande velocità come se fosse in gara per il *calcio in culo*, ma non può reggere…

Mi viene il dubbio che il povero drago trovato da Luigi Presicce non fosse altro che il cavallo tumefatto.

Toyota

(*Colonna sonora*): Un gruppo rock pesta duro tra distorsioni e grancassa. Qualcosa in più di disordine. Il suono esonda dalla Toyota, una signora tacchetta veloce con le orecchie tappate. Un topo la segue di corsa. Gli uccelli battono in ritirata. Dal bagagliaio pare di sentire, nel frastuono, un'accorata richiesta d'aiuto: è l'amata che sta per partorire ma le viene da vomitare e non sa da che parte spingere. La Toyota barcolla e sussulta. Il vigile chiama il carro attrezzi: la vettura non ci può stare là. Il carro attrezzi arrogante con la Toyota fuorilegge, la Toyota delinquen-

te col bagagliaio sussultante, il bagagliaio dimenante
con la partoriente urlante, la partoriente vomitante
con la pancia in espansione, la pancia pallonata con
il pargolo, tutti si dirigono verso il rottamaio.

Cibo
(Camera fissa): L'amata prepara una cena con le
sue mani, cuocendo a pressione un maiale. A parte prepara una salsa di mirtilli e fettine di polenta
abbrustolite. Deve tagliare tutto a pezzettini per via
delle sbarre poste nell'elmo, all'altezza della bocca.

(Flash back): Il vagito intermittente si arresta
all'improvviso e rotola fuori dalla Toyota un bimbo
belleffatto. Il cavallo per evitarlo s'impianta nell'a-
sfalto da quanto tira la frenata: il cavaliere sobbal-
za e viene proiettato via. Il bimbo si avvia a quattro
zampe verso la tromba e con innata consapevolezza
riesce a emetter un triplo fiiiuuu.
   Nuovo immediato dietrofront delle truppe che
finalmente incontrano il loro capitano (il cavaliere)
che però è un siluro che schizza sopra le loro teste,
sempre nella direzione contraria. Scopriamo che i
capitani sono due e così le armature, entrambi vo-
lanti, chi roteando attorno al palo della cuccagna,
chi percorrendo perfette traiettorie balistiche.

(Soggettiva, dal punto di vista della salsa di mirtilli):
la polenta si è innamorata del cavaliere e il topo

approfitta della sua distrazione per papparsela. La pentola a pressione chiede pietà e la salsa di mirtilli, che in questa situazione caotica ci sta come il cavolo a merenda, si inviperisce e abbandona la ricetta. L'amata seduta con le gambe fuori dalla bifora fa merenda col topo e maneggia lo smartphone fino a trovare una clip del gruppo rock. I ragazzi della band sono diventati amici della Toyota: l'hanno salvata dal rottamaio. Ora è lei la cantante.

Guerra

I soldati dispersi nella Padania cercano di sbrogliare il groviglio di lacci da scarpe che impedisce loro di avanzare. Appena uno fa un passo si tira dietro il resto e dopo un ondeggiamento pauroso il malloppone ferroso s'accascia. Non c'è verso di reggersi in piedi. Tanto meno di avanzare.

Il prodigo capitano finalmente tra i suoi, dopo ore di volo, cerca di liberarli uno a uno ma peggiora la situazione. Si ricorda però di avere visto un manuale, "Come sbrogliare qualsiasi cosa indossando un'armatura", nel cruscotto della Toyota. L'unica che può recuperare il manuale è la sua bella, che dopo averlo scovato si lancia, con ancora il cordone ombelicale penzolante, verso la Padania a tutta velocità.

La copertina parla chiaro: la scritta in primo piano "Come sbrogliare qualsiasi cosa indossando un'armatura" si staglia su una foto di Lu Negro che guarda fiero verso il lettore, mentre discute con un imbroglio di cavi bianchi.

Però si fa sera senza che il grumo di armature sia stato minimamente sbrogliato. Il capitano freme perché sa che non potrà comandare il salto a gambe piegate e piedi uniti sui letti da campo. Impossibile pensare che i soldati lo facciano, essendo coinvolti nel groviglio. È un rituale antico e insostituibile, dà forza e tranquillità e dispone per la notte.

Il comandante deve tentare lo stesso. Chiama a sé i suoi soldati: "Soldati, vi aspetta una prova difficile che dovrete affrontare con tutto il vostro coraggio e perizia: dovete saltare nel letto a gambe piegate e braccia unite." Un mormorio lieve diventa un coro di dissenso.

Il capitano per dare l'esempio lo fa per primo, ed essendo da solo vi riesce. I soldati per non tradire la sua fiducia fanno buon viso a cattiva sorte. Uno due tre: oplà!

FIGURE   97

fig. 1, 2, 3, 4
Lu Cafausu, San Cesario di Lecce; foto di Luigi Negro

fig. 5
Lu Cafausu, San Cesario di Lecce; foto di Maurizio Buttazzo

fig. 6
The Clay Club, circa 1940; fotografo sconosciuto

fig. 7
Black&Decker, pubblicità

fig. 8
Istituto Nazionale dei Ciechi di Guerra, Roma. Sul pavimento, due
bronzi di Filippo Bausola (Vittorio Emanuele III e Benito Mussolini,
circa 1934); foto di Cesare Pietroiusti

figg. 9, 10, 11
Vedere pag. 54

fig. 12
La donna con la borsetta, Svezia, 1985; foto di Hans Runesson

fig. 13
Cesare Pietroiusti; foto di Ivo Corrà

fig. 14
Il drago; foto di Luigi Presicce

fig. 15
Firma collettiva di Lu Cafausu, Zurigo 2016

www.ingramcontent.com/pod-product-compliance
Lightning Source LLC
Chambersburg PA
CBHW021849170526
45157CB00007B/3009